Wer läuft, lebt richtig

Ein Leitfaden zum erfolgreichen Training

© 2018

Herstellung und Verlag:

BoD – Books on Demand, Norderstedt.

ISBN: 9783748147671

Inhaltsverzeichnis

Warum dieses Büchlein geschrieben wurde

Den Ausspruch des berühmten Läufers Emil Zatopek[1] „Fisch schwimmt, Vogel fliegt, Mensch läuft" kennt inzwischen jeder. Ebenso allgemein bekannt sind die positiven Auswirkungen von Sport, genauer gesagt von Ausdauersport und noch genauer gesagt von lockerem Dauerlauf[2] auf die physische und psychische Gesundheit bzw. das Wohlergehen der Menschen. Das bedarf also keiner weiteren Erörterung. Warum ich dieses Buch geschrieben habe und Ihnen empfehle, es zu lesen - außer Sie wissen schon alles -, hat einen anderen Hintergrund: Der durchschnittliche Mensch ist heute ein überwiegend sitzender, im Auto, im Büro, vor dem Fernseher. Man kann sagen, er ist bewegungsentfremdet. Die meisten Zivilisationskrankheiten sind auf Bewegungsmangel zurückzuführen,

---

[1] Frantisek Kozik: Der Marathonsieger Emil Zatopek. Reportagen aus dem Leben des besten Langstreckenläufers der Welt (1953)

[2] Ernst van Aaken: Programmiert für 100 Lebensjahre. Wege zur Gesundheit und Leistungsfähigkeit (10 1999)

auch das ist hinlänglich bekannt und muss nicht mehr gesondert dargestellt werden[3].

Was hingegen nicht so bekannt ist, ist, dass viele Menschen, die entdeckt haben, dass sie ihren Lebenswandel ändern müssen, Fehler bei der Umstellung machen. Meistens wollen sie zu viel in zu kurzer Zeit und ziehen sich Sportverletzungen zu, die wiederum dazu führen, dass sie sich wieder vom Sport abwenden.

Ich will mit diesem Buch zur Fehlervermeidung beitragen und aus den Fehlern, die ich bei der Umstellung auf ein Läuferleben gemacht habe, meine Leser lernen lassen und sie motivieren, nicht aufzugeben.

Ich werde in Erzählform schildern, was ich richtig und was ich falsch gemacht habe und ich werde auch aus meiner reichen Erfahrung im Umgang mit Verletzungen berichten. Das dürfte vor allem interessant für diejenigen Leser/innen sein, die auch Lauf-Wettkämpfe bestreiten. Darüber hinaus werde ich Tipps für ein gezieltes Leistungstraining geben, denn meine Erfahrung ist die, dass

---

[3] Vivien Suchert: Sitzen ist für den Arsch. Warum die sitzende Lebensweise unsere Gesundheit gefährdet und was wir dagegen tun können (2017)

Wettkämpfe das Salz in der Suppe des Trainings sind, um es bildlich auszudrücken.

Wer ab und an einen Wettkampf in sein Trainingspro-gramm einstreut, hat mehr Freude beim Training, denn das allgemeine Ziel, etwas für die Gesundheit zu tun, ist für viele zu schwammig und auf Dauer nicht ausreichend, um sich für ein (fast) tägliches Training zu motivieren. Wettkämpfe sind konkrete, greifbare, erfahrbare Ziele und somit eine große Hilfe, bei der Stange zu bleiben.

Bei Wettkämpfen lernt man auch andere Läufer/innen kennen, man tauscht sich aus und erhält zusätzliche Mo-tivation, seinen Sport auszuüben.

Was mich dazu befähigt, Ihnen beim Umstieg auf bzw. den Einstieg in eine gesunde, von Bewegung geprägte Le-bensweise zu helfen, sind einmal meine rund 40 Jahre Er-fahrung als Läufer und mein pädagogischer Hintergrund als Lehrer, Schulleiter und Lauftreffleiter. Ich selber habe mit dem systematischen Lauftraining erst mit 29 Jahren begonnen, zu spät, um im Hochleistungssport etwa noch Weltniveau zu erreichen, aber das war auch gar nicht mein Ziel. Außerdem gelingt das nur ganz wenigen Höchsttalentierten.

Ich habe viele regionale Meisterschaften im Langstreckenlauf von 5000 Meter bis hin zum Marathon gewonnen, das hat mich ausgefüllt, denn ich hatte ‚nebenbei' auch noch einen Beruf und eine Familie. Immerhin schaffte ich die Marathondistanz in 2:26 Stunden, was einem Kilometerschnitt von 3:27 Minuten pro Kilometer entspricht. Die 5000 Meter lief ich in knapp über 15 Minuten.

Um andern Lauf-Tipps zu geben und mit Rat zur Seite stehen zu können, muss man selber kein Weltklasseläufer gewesen sein. In Analogie zum Fußball, der heute in der Öffentlichkeit quasi über allen anderen Sportarten steht, kann man sagen, dass viele der besten Fußballtrainer auf der Welt selber zwar auch Fußballer waren, aber meist nicht zu den besten Spielern gehörten. Es ist eben ein Unterschied zwischen selber auf einem Gebiet Spitze zu sein und das anderen beizubringen.

Wendepunkt oder wie ich zum Laufen kam

Immer wieder gibt es Wendepunkte im Leben, manche werden bewusst herbeigeführt andere unabsichtlich. So einen zufällig entstandenen Wendepunkt stellten für mich die Deutschen Meisterschaften im Marathonlauf 1980[4] dar, die im südostbayerischen Waldkraiburg ausgetragen wurden.

Ich wohnte damals in Vilsbiburg und hatte gerade wieder mit dem Laufen angefangen, nachdem ich mich auf die Waage gestellt hatte und sehen musste, dass ich über 80 Kilo bei einer Größe von 1,82 Meter wog. Ich hatte schon so eine Ahnung, da mir meine Hosen nicht mehr passen wollten. An Silvester 1979 hatte ich mir noch vorgenommen, mit dem Rauchen aufzuhören. Jetzt kam noch ein zweiter Vorsatz dazu, die Bekämpfung des Körperfetts, das sich durch die reichliche Konsumption von Weißbieren angesammelt hatte.

---

[4] https://de.wikipedia.org/wiki/Deutsche_Leichtathletik-Meisterschaften_1982/Resultate#Marathon

Der Termin des Laufs war Mitte Mai, es war ziemlich warm, obwohl der Start, soweit ich mich erinnern kann, in den späteren Nachmittag gelegt worden war. Woran ich mich aber noch ausgezeichnet erinnern kann, sind die Bilder der Läufer, wie sie ins Ziel kamen. Eine Augenweide war das nicht. Ausgemergelt, mit verzerrtem Gesicht und ganz schief kamen viele daher, aber kaum hatten sie die Ziellinie überquert, erschien eine Aura der Zufriedenheit und des Glücklichseins auf den meisten Gesichtern. Plötzlich strahlten sie vor Freude, vergessen waren die Strapazen der mehr als 40 Kilometer langen Schinderei.

Diese Gesichter motivierten mich, mit dem Laufen ernsthaft zu beginnen und der wunderbare Nebeneffekt war, dass ich auch das Rauchen aufhören konnte, denn das vertrug sich mit dem Laufen überhaupt nicht.

Vielleicht war es ein Zufall, dass ich bei einem Crosslauf gerade in Waldkraiburg, ungefähr ein Jahr später, einen Vereinskollegen besiegte, dem ich bis dato nur hinterhergelaufen war. Ab diesem Zeitpunkt hat er mich nie wieder in einem Rennen geschlagen.

Um ihn zu besiegen, musste ich während des Laufes eine innere Schmerzgrenze überwinden, was ich vorher nicht geschafft hatte. Aber wenn man das einmal durchlebt hat, diesen ziehenden und bohrenden Muskelschmerz, ist es beim nächsten Mal nicht mehr ganz so schlimm. Und, was das Gewicht anbetrifft, das ging runter auf 67 Kilogramm, meine Hosen passten wieder.

Und noch eines: Knapp zwei Jahre später wurde ich niederbayerischer Doppelmeister über 25 Kilometer und im Marathonlauf, obwohl ich erst mit 29 Jahren so richtig systematisch mit dem Lauftraining begonnen hatte.

Bild: der Autor völlig erschöpft (aber überglücklich) nach dem Sieg in Waldkraiburg ...

P. S.

Jener Marathonlauf von Waldkraiburg, bei dem ein gewisser Ralf Salzmann siegte, ging in die Annalen ein, weil kurz nach dem Lauf bekannt wurde, dass Deutschland die Olympiade in Moskau boykottieren würde.

Den Sieger des Laufes hat das wahrscheinlich schwer demotiviert, während für mich persönlich dieser Marathonlauf der Startschuss in ein Läuferleben bedeutete.

P.S.S.

Das Laufen stellte für mich eine wunderbare Ergänzung zum Beruf des Lehrers und Schulleiters dar, war neben dem Autogenen Training ein wichtiger Teil meiner Psychohygiene, die sehr wichtig ist, wenn man einen Beruf hat, der viel mit Menschen zu tun hat. Gerade als Schulleiter bekommt man viele Probleme aufgetischt und als ob das nicht genügen würde, gibt es immer wieder Kolleginnen und Kollegen oder auch Eltern und Schüler, die quer ‚schießen‘.

Aller Anfang ist schwer

Ja, es ist wirklich schwer, mit einem Sport wie dem Laufen anzufangen, wenn man nicht von Kindesbeinen an daran gewöhnt ist, Strecken, auch weitere, zu Fuß zurückzulegen. Heutzutage leiden sogar schon viele Kinder unter Bewegungsmangel[5], denn zur Schule werden sie vom Schulbus oder den Eltern gefahren. In der Schule müssen sie die meiste Zeit ruhig sitzen und der Lehrkraft lauschen und wenn sie wieder zu Hause sind, gibt es noch Hausaufgaben, die zu erledigen sind.

So sieht der Alltag vieler Kinder und Jugendlicher aus. Das Sitzen und Zuhören macht einen müde und folglich verbringt man die Freizeit dann lieber vor dem Computer oder mit dem Handy und spielt spannende Spiele, die die Müdigkeit wegpusten.

Ja, auch ich hatte oft nach einem langen Arbeitstag, nachdem ich erschöpft zu Hause angekommen war, keine Lust mehr, die Trainingsbekleidung anzuziehen und zu laufen.

---

[5] https://www.krankenkassenzentrale.de/magazin/studie-kinder-und-jugendliche-bewegen-sich-zu-wenig-5064#

Was mir geholfen hat, den ‚inneren Schweinehund' zu überwinden, war das Unwohlsein bezüglich meines Gewichts. Ich kam mir einfach zu schwer vor, ich wollte ‚leichtfüßiger', beweglicher sein. Dann kam ich auf die Idee, einem Sportverein beizutreten und das bedeutete bei mir den Durchbruch. Beim Sportverein, genauer gesagt, der Leichtathletikabteilung des örtlichen Vereins lernte ich andere Läufer kennen, wir trainierten zusammen, es entstand eine gewisse Konkurrenz und man beschloss, auf Wettkämpfe hin zu trainieren, auf den ersten Marathon. Dieses Szenario hat meinem ‚inneren Schweinehund' so zugesetzt, dass er sich kaum noch blicken ließ. Im Gegenteil, ich war so motiviert, dass ich meinen Körper eher überforderte und so bald mit den ersten Wehwehchen zu kämpfen hatte.

Ähnlich ergeht es vermutlich auch vielen Fitnessjüngern, die das moderne Körperideal anstreben. Stichpunkte: Sixpacks, Thigh Gap, Supermodellfigur, Knackpo usw. usf.

Auf der einen Seite ist die Motivation, einen ‚idealen' Körper zu besitzen, eine gute Sache, da sie einem hilft, die Bewegungsarmut, die der moderne Lebensstil oft mit sich bringt, zu überwinden, andererseits darf die davon ausgehende Suchtgefahr[6] nicht unterschätzt werden.

Das Körperideal der vollkommenen Schlankheit ist ein sehr starker Motivator, denn im Spiegel und auf der Waage lassen sich Erfolge ersehen und messen und das verstärkt die Motivation noch einmal, sodass neben Essstörungen auch die Gefahr des Übertrainings besteht und die führen dann unweigerlich zu den schon zuvor erwähnten „Wehwehchen".

---

[6] https://gesundheit.ccm.net/contents/720-bulimie-zahlen-und-fakten

Die ersten Wehwehchen und Verletzungen
- und was man dagegen tun kann ...

Von der mangelnden Motivation zur Übermotivation – so lässt sich der Pfad vieler Laufanfänger/innen bezeichnen. Wenn man sich durchgerungen hat, regelmäßig zu laufen – im Verbund mit einem Sportverein oder einem Lauftreff – gelingt das den allermeisten problemlos, merkt man sehr schnell, wie gut einem der Sport tut.

Das Gefühl der Erleichterung hat vor allem physiologische Ursachen: Mit dem Schweiß werden auch viele Giftstoffe, z. B. Schwermetalle, ausgeschieden. Das entlastet die Nieren und andere innere Organe und man wird im Wortsinn leichter, erleichtert. Alle Organe werden besser durchblutet, d. h. auch besser mit Sauerstoff versorgt, was zu einem besseren Allgemeinbefinden führt. Voraussetzung dafür ist, dass man nicht zu schnell läuft, sondern das Tempo eines langsamen Dauerlaufs einschlägt. Eine gute Regel bezüglich des richtigen Tempos ist das sogenannte Sprechtesttempo, was bedeutet, dass man während des Joggens sich noch unterhalten kann, ohne in akute Sauerstoffnot zugeraten.

Bei vielen Laufanfängern, die ich in diversen Lauftreffs begleitete, habe ich gesehen, dass diese Anfangseuphorie dazu führt, dass man das gute Gefühl, das das Laufen Körper und Geist vermittelt, möglichst oft und intensiv erleben möchte. Viele Laufanfänger steigern in diesem Hochgefühl die Frequenz, den Umfang und die Intensität zu schnell und oft auch noch in allen drei Bereichen auf einmal. Das führt unweigerlich zu körperlichen Reaktionen, denn der Körper braucht Zeit, sich an die neuen Herausforderungen anzupassen. Der Geist ist in dieser Anfangseuphorie willig, das „Fleisch", der Körper, braucht Erholungsphasen, die ihm oft nicht gegönnt werden.

Auch ich habe diese Anfängerfehler gemacht, ich hatte allerdings auch keinen Trainer oder Lauftreffleiter, sondern nur meine Vereinskameraden, die dieselben Fehler, teils aus Unwissenheit, teils aus falschem Ehrgeiz heraus machten.

Was wir als Informationsquellen zur Verfügung hatten und auch fleißig lasen, waren die Bücher des damaligen

,Langstreckenpapstes', Dr. Ernst van Aaken[7], dessen Kernaussagen auch heute noch voll gültig sind.

Momentan scheint gerade ein neuer Trend zu entstehen, das sog. Slow Jogging[8], das ein gewisser Prof. Hiroaki Tanaki propagiert. „Slow Jogging" heißt übersetzt nichts anderes als „langsamer Dauerlauf", womit wir wieder bei Dr. van Aaken angelangt sind, der den langsamen Dauerlauf fast schon als Allheilmittel für den Menschen angesehen hat.

Zurück zu den typischen Anfängerfehlern: Meine erste Verletzung konnte ich selbst erfolgreich behandeln. Nach einem langen Lauf mit einem neuen Schuh tat die Sehne unter dem Längsgewölbe des rechten Fußes höllisch weh. Ich behandelte die schmerzende Stelle mit einem einfachen Nudelholz, dass ich über den Schmerzbereich rollte und so massierte. Das tat anfangs auch sehr weh, aber ich merkte, dass sich der Schmerz fast wegmassieren ließ und nach zwei Wochen war ich die Verletzung los. Ich bin trotz Verletzung weitergelaufen – mit anderen Schuhen

---

[7] http://www.dr-van-aaken.com/
[8] https://slowjogging.wordpress.com/

und teilweise unter Schmerzen – habe das Training, was Umfang und Intensität anbetrifft, allerdings stark reduziert. Heutzutage werden die sog. Faszienrollen teuer ver- und gekauft, dabei erzielt man mit dem gemeinen Nudelholz, das in jeder Küche zu finden ist, dieselben Resultate. Trotz Schmerzen zu laufen ist eine nicht ungefährliche Angelegenheit. Meine Erfahrung ist die, dass einem des Öfteren was weh tut, leicht schmerzt, wenn man Sport treibt. Wenn man bei jedem kleinen Wehwehchen den Sport absetzen würde, käme man gar nicht mehr zum Trainieren. Es gilt für mich folgende Grundregel: Wenn der Schmerz im Laufe des Trainings nachlässt, ist man bereits auf dem Wege der Heilung. Wird der Schmerz stärker, sofort, ich betone, sofort aufhören, sonst kann man sich ernsthaft Schaden zufügen. Dasselbe gilt, wenn Erkrankungen der Atemwege vorliegen, da muss man meines Erachtens nach unbedingt eine Sportpause einlegen, sonst kann man die Situation verschlimmern.

Eine weitere typische Anfangsverletzung, die sich Laufanfänger/innen häufig zuziehen, ist die Achillessehnenreizung bzw. -entzündung. Bei einer echten Entzündung, bei der die Sehne vielleicht auch noch angeschwollen ist, helfen wirklich nur ein Arztbesuch und eine Laufpause. Wenn die Sehne nur gereizt ist, kann man sich auch selber behandeln, indem man die Sehne mit Eiswürfeln massiert und leichte Dehnungsübungen macht.

Zu meiner Zeit als Laufanfänger in den frühen 1980er Jahren, war der Gang zum Arzt für viele Läufer ein äußerst unangenehmer, denn die Erkenntnisse von Dr. van Aaken waren noch nicht Allgemeingut, ganz im Gegenteil, seine Ansicht der „schonungslosen Therapie" wurde von vielen seiner Kollegen schonungslos bekämpft. Und auch der Laufboom in Deutschland mit der Verlagerung der Marathonläufe hinein in die Städte stand erst ganz am Anfang. Nicht selten bemühten sich Ärzte erst gar nicht darum, die Ursache der Verletzung herauszufinden. Für sie war die Ursache der Beschwerden das Laufen selbst, das damals nicht unbedingt als gesundheitsfördernd betrachtet wurde und so lautete der ärztliche Rat meistens „Hören Sie mit dem Laufen auf!"

Um diesem ‚Todesurteil' zu entgehen, berieten sich die Läufer/innen in jener Zeit oft gegenseitig und man war auf Fachzeitschriften wie *Spiridon*, *Condition*, *Running* oder *Runner's World* angewiesen, um sich schlau und kundig zu machen, wie die medizinischen Läuferprobleme gelöst werden konnten.

Heutzutage ist es viel leichter, läuferfreundliche Ärzte, die auch von der Materie etwas verstehen, zu finden, denn der allgemeine gesellschaftliche und persönliche Nutzen des Ausdauersports, vor allem des langsamen Dauerlaufs, wird heute allerorts propagiert und ist inzwischen auch wissenschaftlich untermauert.

Heute muss man nicht mehr fürchten, dass der Arzt nichts tut und einem sagt, mit dem Laufen aufzuhören, sondern eher im Gegenteil, dass zu viel getan wird, etwa wenn man mit Knieproblemen zum Orthopäden geht und der einem ein künstliches Kniegelenk verpassen möchte, weil Kliniken oft nur dann bestimmte Zulassungs- oder Gütesiegel bekommen, wenn eine bestimmte Anzahl von Endoprothesen an den Mann bzw. die Frau gebracht worden sind.

Generell kann ich als erfahrener Läufer und Lauftreffleiter folgende Tipps für ein Training geben, die die Wahrscheinlichkeit einer Verletzung gering halten:

- ✓ Das ‚Butterbrot' des Trainings ist der langsame Dauerlauf mit einer Pulsfrequenz von 120 bis 140 (bzw. im Sprechtesttempo laufen).
- ✓ Langstreckenläufer sind oft ‚besessene' Läufer. Mindestens ein Ruhetag, auch wenn es schwerfällt, ist Pflicht!
- ✓ Wer merkt, dass das geliebte Laufen bei ihm/ihr zu Problemen führt, sollte sehen, dass es Alternativen zum Laufen hinsichtlich des Ausdauertrainings gibt.

Trainingsalternativen

Radfahren

Damit habe ich persönlich sehr gute Erfahrungen gemacht. Ideal ist eine Kombination aus Radfahren und Laufen, z. B. eine halbe Stunde flott Rad fahren und dann noch eine halbe Stunde leichter Dauerlauf. Die Kombinationen können beliebig sein, je nach Kondition und Trainingsziel. Wichtig ist, dass das Laufen den Abschluss bildet, denn dann bleibt die ‚Hauptsportart' am besten in der ‚muskulären Erinnerung'[9].

Kickbiken / Tretroller fahren

Der Autor mit einem faltbaren Roller am Strand von Grado / Italien

Das Tretrollerfahren führt bei uns im Gegensatz zu Ländern, wie der Tschechei, den Niederlanden, Italien usw. ein Schattendasein. Das Tretrollerfahren ist eine Mi-

---

[9] Es schadet aber auch nicht, z. B. nach einem Wettkampf statt auszulaufen eine halbe Stunde mit dem Rad zu fahren. Das wirkt sehr regenerativ.

schung aus Laufen und Radfahren. Allerdings ist es wesentlich effektiver als das Radfahren, denn beim Tretrollern kommt man ohne Schwierigkeiten auf einen Puls von 120, was man beim Radfahren nur erreicht, wenn man ganz kräftig in die Pedale tritt oder bergauf fährt. Außerdem ist der Kalorienverbrauch viel höher, da die Arme und der Rumpf des Körpers im Bewegungsablauf stärker als beim Radfahren eingebunden sind. Im Vergleich zum Laufen, werden die Gelenke, v.a. Knie und Hüfte weit weniger beansprucht.

Interessante Artikel zum Tretrollerfahren finden sich unter folgendem Weblink:

https://tretroller-magazin.de/

Aquajogging

‚Laufen' im Wasser mit Hilfe einer Art Schwimmgürtel („Belt"), der einem das Treiben („Floaten") im Wasser erlaubt. Auch das habe ich schon ausprobiert, es ist sehr effektiv, weil anstrengend, da man Arme und Beine gegen den Widerstand des Wassers bewegt. Was mich nicht zu einem glühenden Verfechter dieses Sports macht, ist die

Langweile, die mich im Schwimmbecken befällt. Das trifft für mich auch auf das Schwimmen in Bahnen zu, deshalb führe ich Schwimmen hier auch nicht als ‚Ersatzbefriedigung' für das Laufen auf.

Stepperbike bzw. Elliptigo

Der Autor auf einem Stepperbike ...

Vor allem das Elliptigo hat es mir als Alternativtraining an-
getan, es ist quasi ein Laufen auf dem Rad ohne den Aufprall auf dem Asphalt. Sehr wirksames Training, Pulsfrequenz wie beim Laufen.

Nützliche Weblinks:

http://3gbikes.de/produkte/stepperbike/stepperbike-
classic

http://www.elliptigo.de/

Fitnessstudio und Laufband

Wenn man in einer Großstadt wohnt oder im Winter, wenn die Straßen und Parkwege vereist und glatt sind, bieten die wie Pilze aus dem Boden geschossenen Fitnessstudios denkbare Alternativen zum Laufen im Freien. Ich lebte fünf Jahre lang in Kairo und auf den Straßen dieser Stadt zu laufen ist nicht ratsam, da es wegen des geradezu irrwitzigen Verkehrsaufkommens, der sehr individuellen, sprich waghalsigen Fahrstile der arabischen Autofahrer/-innen[10] und der mit Schadstoffen belasteten Atemluft einfach zu gefährlich ist.

In dieser Situation wählte ich die Alternative Fitnessstudio. Die Laufbänder des Gold's Gym[11] waren hochtechnisierte Geräte, die Laufgeschwindigkeiten bis zu 20 km/h, Steigungen bis zu 15% und Gefälle bis zu 3% zuließen. Dazu noch der gelenkschonende Laufbelag – also eine ideale Konstellation, möchte man meinen. Ja, wenn da

---

[10] Meine sehr persönliche Einschätzung, andere sehen das anders, z. B. die arabischen Fahrzeugführer, die sich für die besten der Welt halten ...
[11] https://www.goldsgym.com/

nicht die Langeweile wäre! Sogar der Ausblick auf die Pyramiden von Gizeh machte den Umstand, dass man zwar lief, aber nicht von der Stelle kam, nicht wett. Erst, als ich auf den Dreh gekommen bin, mir nebenbei Filme auf einem Fernsehschirm anzuschauen, wurde die Lauferei auf dem Laufband für mich erträglich.

Viele Laufberater und Trainer raten ohnehin den Läuferinnen und Läufern neben dem Laufen noch Muskelaufbau an Fitnessgeräten zu betreiben. Ich persönlich bin nicht dieser Meinung, denn durch das Krafttraining werden Muskeln gebildet, die man beim Laufen eigentlich nicht braucht. Im Gegenteil, die zusätzliche Körpermasse macht einen schwerer und dadurch beim Laufen langsamer bzw. das Laufen fällt einem schwerer, wenn man ein höheres Gewicht auf die Waage bringt.

Mit dem Krafttraining halte ich es wie der britische Läufer Ron Hill[12], ein Sub-2:10-Marathoner, der einmal gesagt haben soll, dass die einzige Gymnastik und das einzige Krafttraining, das er absolviert, zwanzig Situps nach dem

---

[12] https://en.wikipedia.org/wiki/Ron_Hill

Laufen sind. Dadurch würde die Rückenmuskulatur gedehnt und die Bauchmuskulatur gestärkt. Mehr brauche ein Läufer nicht.

Leichtathletisches Gehen und Powerwalking

(Leichtathletisches) „*Gehen* ist eine olympische, leichtathletische Disziplin, bei der, im Gegensatz zum Laufen, kein für das menschliche Auge sichtbarer Verlust des Bodenkontakts vorkommen darf. Zusätzlich muss das ausschreitende (vordere) Bein beim Aufsetzen auf den Boden gestreckt – d. h. am Knie nicht gebeugt – sein (Regel 230 der IWR – Internationalen Wettkampfregeln). Hierdurch kommt es zu der für Geher so markanten Hüftbewegung."[13] Anschauungsmaterial zu diesem Sport gibt es zuhauf auf Youtube, z. B unter diesem Link:

https://www.youtube.com/watch?v=K0Zjgh4x0xl

Auch diese Sportart habe ich ausprobiert, für mich war aber die Regel, dass beim Aufsetzen des vorderen Beines das Knie gestreckt sein muss, die Hürde, die ich nicht

---

[13] https://de.wikipedia.org/wiki/Gehen_(Sport)

überwinden mochte. Ich habe das Aufsetzen des Beines mit der Ferse bei gestrecktem Knie immer als sehr unangenehm empfunden. Das moderne sportliche Gehen ist für mich nichts anderes als ein unnatürlicher, steifbeiniger Lauf. Die zweite Regel, dass ein Bein immer auf dem Boden sein muss, wird meiner Meinung nach im Spitzensport nicht mehr richtig kontrolliert. Die Kontrolle durch die Gehrichter ist aber auch schwierig, da bei der hohen Schrittfrequenz, die die Geher inzwischen draufhaben, das menschliche Auge ganz einfach überfordert ist.

Powerwalking[14] ist sportliches Gehen ohne die Regel der oben geschilderten Kniestreckung. Powerwalking ist in den USA inzwischen sogar schon ein Wettkampfsport und ich denke, dieser Sport wird bei uns auch bald Fuß fassen, denn er kommt dem Laufen sehr nahe und ist insgesamt ein bisschen weniger anspruchsvoll und fordernd als das Laufen. Beim Powerwalking gibt es nur eine Regel, nämlich, dass ein Fuß immer auf dem Boden bleiben muss, denn sonst ist es Laufen. Diese Regel ist einleuchtend.

---

[14] https://www.youtube.com/watch?v=erK4_3OuUlY

Schwerwiegendere Verletzungen

Mich hat das Laufen so begeistert, weil die Wahrneh-
mung, die Erfahrung von Fitness sich dermaßen gut an-
fühlte, dass ich fast schon süchtig wurde, aber das ist eine
positive Sucht, dachte ich mir und denke es immer noch.
Ich habe mein Gewicht von über 80 kg bei einer Körpergröße von 1,82 m auf 67 kg durch den Laufsport reduziert.
Das ermöglichte es mir sehr schnell und locker ohne
große Anstrengung zu laufen. Über den Asphalt locker
und leicht zu schweben ist ein fantastisches, erhebendes
und erhabenes Gefühl. Aber, was so unangestrengt und
beschwingt aussieht, kommt nicht von allein, da stecken
viele Trainingskilometer dahinter.

An dem Spruch „No pain, no gain" ist schon etwas dran,
wobei „pain" in diesem Zusammenhang fälschlicherweise
meist mit „Schmerz" übersetzt wird. Die deutsche Ent-
sprechung für „No pain, no gain" ist jedoch „Ohne Fleiß
kein Preis".

Im ersten systematischen Trainingsjahr steigerte ich
meine Laufkilometer zunächst auf ca. 80 pro Woche.

Dazu fuhr ich fast täglich 45 bis 60 Minuten auf dem Fahrradergometer, wenn das Wetter schlecht war oder auf dem Rennrad, wenn es draußen trocken war. Tempotraining stand überhaupt nicht auf dem Programm, die schnellen Einheiten waren den Wettkämpfen vorbehalten. Damit kam ich völlig verletzungsfrei über die Runden. Ein Glücksfall war für mich, dass es am selben Ort, an dem ich wohnte, einen weiteren laufbegeisterten Mitstreiter gab, mit dem ich mich bei den verschiedenen Wettkämpfen duellierte. Er war neun Jahre älter als ich, aber er hatte im Winter immer sehr viel Zeit zum Trainieren, da er als Fliesenleger in diesen Monaten nicht arbeitete, sondern das sog. Stempelgeld bezog. Er legte deutlich mehr Trainingskilometer als ich zurück und es dauerte fast ein ganzes Jahr bis ich sein Niveau erreicht hatte. Schon nach etwa 14

Monaten systematischen Trainings schaffte ich beim Nürnberger Stadtmarathon am 1. November 1981 die Zeit von 2:32 Stunden über die 42,192 Kilometer.

Dann kam der Ehrgeiz, noch schneller zu laufen, ich wechselte den Verein und begann Tempoläufe und Intervalltraining in mein Training aufzunehmen. Im Nachhinein kann ich sagen, dass das ein Fehler war.

Warum?

Ich verbesserte mich in den Jahren des harten Trainings nur noch um wenige Minuten auf 2:26 über die Marathonstrecke und das, obwohl ich meine Kilometer pro Woche auf 130 und mehr steigerte. Das Radfahren gab ich fast ganz auf, ich wurde ein reiner Läufer. Die Gründe dafür, dass ich mich nur noch in geringem Maße leistungsmäßig steigern konnte sehe ich in zwei Punkten:

1. Ich habe den Tugendpfad des langsamen Dauerlaufs verlassen und das ‚Gift' des Intervalltrainings ‚geschluckt'. Schon Dr. van Aaken hatte festge-

stellt, dass das Dauerlauftraining langfristig leistungssteigernd ist, während das Intervalltraining das Gegenteil bewirkt, weil man durch die vielen, teilweise sehr schnell gelaufenen Kurzstrecken müde und übertrainiert wird. Die schnellen Antritte belasten den Bänder- und Sehnenapparat viel mehr als die gleichmäßige Bewegung des Dauerlaufs.

2. Ich habe nicht auf die Warnsignale des Körpers, sprich Schmerzen, gehört und immer weiter trainiert aus Angst davor, in Trainingsrückstand zu geraten. Welch ein Trugschluss!

Die Folgen dieses falschen Trainings bekam ich in Form von Verletzungen zu spüren:

- *Entzündung des Bauch- und Pyramidenmuskelansatzes am Schambein[15]*

---

[15] https://www.symptomeundbehandlung.com/symptome-der-schambein-entzundung/

34

Diese Verletzung taucht in letzter Zeit vor allem auch bei Fußballern auf. Arjen Robben von Bayern München hatte damit viele Monate zu kämpfen – trotz optimaler ärztlicher Versorgung. Ich hatte damit zwei Jahre lang zu tun. Mein Hauptfehler war, dass ich trotz Schmerzen weiter trainierte und sogar Wettkämpfe absolvierte. Erst als ich das Training drastisch reduzierte und ziemlich extremes Stretching (Beine grätschen und mit dem Oberkörper nach vorne bzw. nach unten Richtung Boden gehen) betrieb, wurde ich diese Seuche los.

- *Haglund-Exostose*[16]
  Dabei handelt es sich um eine Art ‚Überbein' an der Hinterseite der Ferse. Bedingt durch eine hohe Anzahl von Laufkilometern und Antritten beim Intervall- und Tempolauftraining bildet sich bei vielen eine Art ‚Fersenverstärkung', eine

---

[16] https://www.sportklinik.de/krankheiten/fuss-sprunggelenk/haglundexostose.html

Beule, die aus Knochen- und Knorpelgewebe besteht. Dieses Gewebe bildet sich unter der Achillessehne. Beim Laufen ‚scheuert' die Sehne über das Gewebe und entzündet sich. Wenn das passiert, hat man höllische Schmerzen, die das Laufen unmöglich machen. Zuerst probiert man konservative Methoden, wie Stoßwellentherapie, Reizstrom, Akkupunktur und was es sonst noch alles gibt. Meine Erfahrung ist, dass all das Zeitverschwendung ist und hinausgeworfenes Geld! Was einzig hilft, wie ich meine, ist eine Operation, bei der die Sehne angehoben wird und das Gewebe, das sich zusätzlich gebildet hat, abgeschabt wird. Ich habe diese Prozedur an beiden Fersen erfolgreich durchführen lassen. Allerdings musste an jeder Ferse nachoperiert werden, da man bei der jeweils ersten OP zu wenig von dem Gewebe unter der Achillessehne entfernt hatte.

Warum ausgerechnet Laufen und nicht eine andere Sportart?

Diese Frage wurde mir oft gestellt und meine Antwort ist sehr persönlich, andere sehen das vielleicht ganz anders.

Fürs Laufen braucht es nicht viel: Es muss der Wille da sein, sein Körpergewicht mit jedem Schritt hochzuwuchten und wieder aufzufangen, kein gar nicht so einfaches Unterfangen, aber neben dem Willen braucht man eigentlich nur noch ein paar gute Laufschuhe. Was, meiner Meinung nach, gute Laufschuhe sind, erörtere ich in einem der folgenden Kapitel. Ansonsten braucht man nichts mehr. Wege, Untergrund für das Laufen, Laufstrecken gibt es überall. Man kann auf den Gehsteigen in der Stadt laufen, auf dem Asphalt der Straßen, im Wald, auf Rasenflächen oder auch auf der Laufbahn im Stadion. Es ist die Simplizität, die Einfachheit und Natürlichkeit des Laufens, die mich immer fasziniert haben. Notfalls kann man auch barfuß laufen, sodass man zur Ausübung des

Sports überhaupt kein Sportgerät benötigt. Das Barfußlaufen wäre wahrscheinlich das Gesündeste überhaupt, aber unsere Umwelt und unsere Entwicklung als Mensch lässt diese natürlichste Form der Fortbewegung nur eingeschränkt zu.

Fürs Radfahren benötige ich ein Fahrrad, dessen Preis nach oben hin keine Grenzen kennt. Für Rennräder kann man locker 10.000 bis 20.000 Euro hinlegen, für gute Laufschuhe zahlt man zwischen 70 und 150 Euro.

Für Tennis benötige ich Schuhe, einen Tennisplatz und einen Partner bzw. eine Partnerin.

Laufen kann ich auch alleine, obwohl ich zugeben muss, dass es in einer Gruppe noch viel schöner ist.

Wenn man eine halbe Stunde Rad fährt, hat man für seine Fitness viel weniger getan als bei einem halbstündigen Lauf.

Laufen ist also unkompliziert und effektiv, mit geringem Aufwand erzielt man erstaunliche Erfolge bezüglich der eigenen Fitness und Gesundheit.

In der Simplizität und Natürlichkeit des Laufens liegt für mich auch ein ästhetischer Reiz, ich finde Läufer und Läuferinnen einfach schön. Viele Leute haben mir gesagt, dass ich einen ausgesprochen schönen Laufstil habe, deshalb wage ich es auch ein paar Fotos von mir als Läufer (in verschiedenen Phasen des Läuferlebens) am Ende dieses Kapitels zu zeigen. Ich persönlich habe während des Laufens oft autogen trainiert und mir die Formel vorgesagt „Ich laufe leicht und locker". Wahrscheinlich hat auch das dazu beigetragen, dass mein Laufen nach außen hin ein gutes Bild abgegeben hat. Bei Marathons hatte ich oft einen Läufer vor meinem geistigen Auge, den ich sehr bewundert habe, nämlich den Holländer Gerald Nijboer[17], der 1982 den Marathonlauf bei den Europameisterschaften in Athen gewann. Ich habe das Rennen im Fernsehen angeschaut und dabei bewundert wie locker und leicht Gerald Nijboer die hüglige Strecke bewältigte. Auch das war ein kleiner Trick, um beim Marathon nicht damit anzufangen, die Kilometer zu zählen und dabei zu verkrampfen.

---

[17] https://de.wikipedia.org/wiki/Gerard_Nijboer

Meinen Lauftreffteilnehmern und -teilnehmerinnen versuche ich immer zu vermitteln, wie wichtig es ist, sich Formeln, wie „Ich laufe leicht und locker" vorzusagen oder auch ein Bild eines Läufervorbildes vor das geistige Auge zu projizieren, denn solche Formeln sind, wie man herausgefunden hat, handlungsrelevant, d. h. wenn man sich das immer wieder vorsagt, dann handelt man auch danach, man läuft dann auch leicht und locker. (Vor-)Bilder vor dem geistigen Auge haben eine ähnliche Wirkung.

Der Autor bei einem Bahnwettkampf in den 1980er Jahren

Weiter Bilder aus verschieden Phasen des ‚Läuferlebens'

des Autors:

Häufig gestellte Fragen

Bei den vielen Lauftreffs, die ich an Schulen und im Verein gehalten habe, tauchen immer wieder gewisse Fragen auf, von denen ich hier die häufigsten einmal übersichtlich zusammenstellen möchte und nach bestem Wissen und Gewissen zu beantworten versuche.

Übrigens, falls sich jemand aus der Leserschaft für Lauftreffs interessiert, der Bayerische Leichtathletikverband (BLV)[18] bietet Kurse an, in denen man sich zum zertifizierten Lauftreffleiter ausbilden lassen kann.

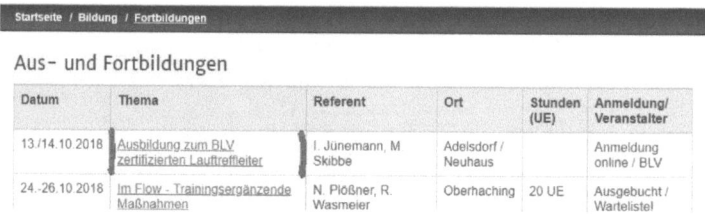

Datum	Thema	Referent	Ort	Stunden (UE)	Anmeldung/ Veranstalter
13./14.10.2018	Ausbildung zum BLV zertifizierten Lauftreffleiter	I. Jünemann, M. Skibbe	Adelsdorf / Neuhaus		Anmeldung online / BLV
24.-26.10.2018	Im Flow - Trainingsergänzende Maßnahmen	N. Plößner, R. Wasmeier	Oberhaching	20 UE	Ausgebucht / Warteliste

Daneben gibt es eine sehr interessante Seite im Worldwide Web, die ich persönlich oft besucht habe, um mir Informationen rund ums Laufen zu besorgen:

http://www.lauftreff.de/

---

[18] http://www.blv-sport.de/index.php?id=539

Hier ein sog. Screenshot der Webseite:

Wie Sie sehen, gibt es da auch eine Rubrik Lauftreff, in der viele Lauftreffs, die es bei uns gibt, aufgelistet sind.

Nun aber zu den Fragen, die mir häufig gestellt wurden:

Muss man sich vor dem Laufen dehnen bzw. ein Stretching-Programm ausführen?

Da gehen die Meinungen ziemlich auseinander[19]. Ich kenne gute Läufer, die sich überhaupt nicht dehnen, weil

---

[19] Einen Beitrag zu dieser Diskussion finden Sie unter diesem Link:
https://www.fitforfun.de/sport/laufen/laufen-fuer-anfaenger/laufen-dehnen-vor-dem-joggen-bringt-kaum-was_aid_10940.html

sie im Stretching Verletzungsgefahren sehen und ganz Unrecht haben sie damit nicht. Beim Dehnen werden oft Fehler gemacht und wenn man es falsch angeht, kann man sich tatsächlich wehtun, z. B. Muskelfaserrisse provozieren. Der neueste Stand der Diskussion in dieser Frage, soweit ich ihn kenne, ist folgender:

Vor der Trainingseinheit Laufen soll eine sog. Mobilisierungsphase, auch Aufwärmphase genannt, stehen. Eine solche könnte etwa so aussehen: Zuerst geht man ein paar hundert Meter flott, um dann in einen langsamen Trablauf überzugehen, der sich ebenfalls über ein paar hundert Meter erstreckt. Dann kann man vielleicht noch einen leichten Hopserlauf einstreuen, bevor man das geplante Lauftempo anschlägt. Eine andere Variante der Mobilisation, die ich häufig eingesetzt habe, ist das Laufen im Stand für ein bis zwei Minuten, gefolgt von Arm bzw. Schulterkreisen, dann Hüft-, Knie- und Fußkreisen. So wird der Bewegungsapparat, Schulter-, Becken- und Beinbereich auf die kommende Belastung vorbereitet. Vor einem Wettkampf ist das Aufwärmprogramm etwas ausgedehnter und neben dem Warmtraben, sollte auch das geplante Wettkampftempo in ein paar Steigerungsläufen anvisiert werden. Aber: Niemals vor dem Wettkampf ausgeprägte Dehnübungen machen. Das ist kontraproduktiv, wie man herausgefunden hat, weil da der Muskeltonus, der im Wettkampf wichtig ist, beeinträchtigt wird. Auch nach dem Wettkampf sollte man noch nicht dehnen, weil da die Verletzungsgefahr hoch ist. Erst am Tag nach dem Wettkampf sollte man die beanspruchte Muskulatur und den Sehnen- und Bänderapparat vorsichtig dehnen.[20]

„...
Dehnen vor dem Lauf

Dehnen wird immer wieder kontrovers diskutiert. Dehnen vor dem Wettkampf ist aber kontraproduktiv. Danach, wenn es einem gut tut, sinnvoll. Im Anschluss an Trainingseinheiten ist statisches Dehnen zu empfehlen.
...“

(Quelle: https://lauftipps.ch/laufsport/wettkampfvorbereitung/fehler-vor-dem-wettkampf/)

Dagegen ist Dehnen nach einem Trainingslauf aus meiner Sicht Pflicht, denn durch das Laufen verstärkt sich die Rückenmuskulatur und stärkere, dickere Muskeln verkürzen

---

[20] So halten es viele Läufer, die ich kenne, und sie sind damit gut gefahren.

sich und können, wenn sie die Bandscheiben zusammen-drücken, Probleme bereiten. Deshalb steht für mich fest, dass man vor allem die Rücken- und die Beinmuskulatur nach einem Trainingslauf dehnen sollte. Eine Experten-Anleitung dazu von der AOK (Allgemeine Ortskranken-kasse) dazu findet man beispielsweise auf YouTube unter folgendem Link:

https://www.youtube.com/watch?v=FnZ49ErtRGk

Mit welcher Pulsfrequenz soll man trainieren?

Auch diese vordergründig scheinbar sehr einfache Frage ist in Wirklichkeit kompliziert. Zunächst muss man nach-fragen, was das Trainingsziel ist. Wenn es der von mir fa-vorisierte langsame Dauerlauf ist, muss man sich um den Puls eigentlich keine großen Gedanken machen, da gilt die Regel des Sprechtesttempos. Man läuft nicht schnel-ler als dass man sich während des Laufens noch mit an-deren unterhalten kann, ohne in Atemnot zu kommen. Wem das nicht kompliziert genug ist, empfehle ich fol-gende Formel:

Basis für den Trainingspuls ist die maximale Herzfrequenz. Diese bestimmt man bei einem Maximaltest (z. B. 1000-Meter-Lauf) oder über die Formel HFmax[21] = 208 minus (0,70 x Lebensalter). Diesen Wert multipliziert man dann zunächst mit 0,7 und anschließend mit folgenden Faktoren: LF bzw. Leistungsfaktor (Einsteiger = 1,0; Trainierte = 1,03; Leistungssportler = 1,06), TZ bzw. Trainingsziel (Grundlagenausdauer 1 = 1,0; Grundlagenausdauer 1–2 = 1,1; Grundlagenausdauer 2 = 1,2. Bei einem normalen Dauerlauf trainiert man im Bereich der Grundlagenausdauer 1) und GF bzw. Geschlechtsfaktor (Männer = 1,0; Frauen: niedrige Intensität = 1,10; mittlere Intensität = 1,06; hohe Intensität = 1,03).[22]

Wenn ich diese Formel auf mich persönlich anwende ergibt sich nachfolgende Rechnung auf der Grundlage der HFmax-Formel. Den Maximaltest will ich nicht machen, weil sich erstens beim Pulsmessen sowohl von Hand als

---

[21] Maximale Herzfrequenz
[22] https://www.fitforfun.de/sport/laufen/lauftipps/probleme-beim-laufen-ihre-fragen-unsere-antworten_aid_9247.html

auch über die Sensoren eines Pulsmessers Ungenauigkeiten einschleichen und zweitens, weil ich keine rechte Lust verspüre, mich alleine über die 1000 Meter zu quälen.

Berechnung:

Ich bin 67 Jahre alt, also muss ich dies Zahl mit 0,7 multiplizieren → 67 x 0,7 = 46,9. Diese 46,9 ziehe ich laut Formel von 208 ab → 208 – 46,9 = 161,1. Diese Zahl wird dann erneut mit 0,7 multipliziert → 161,1 x 0,7 = 112,77. Für den langsamen Dauerlauf, also die Grundlagenausdauer werden die 112,77 mit 1 multipliziert, d. h. es bleibt bei 112, 77. Dann wird die errechnete Zahl noch einmal mit dem Geschlechtsfaktor - in meinem Fall - 1,0 (Mann) multipliziert und schon hat man den optimalen Puls nach Formel. Bei mir liegt er also bei 113.

Wenn ich das mit meinen Trainingsaufzeichnungen vergleiche, kann ich feststellen, dass diese Formel ziemlich gut zutrifft. Bei meinen Läufen, liege ich meist in einem Pulsbereich von 110 bis 130 Schlägen pro Minute.

Ab und an erreiche ich aber auch Pulsfrequenzen, die weit über den genannten liegen, etwa wenn ich einen steilen Berg schnell hinauflaufe.

Wie oft und wie lange soll man pro Woche trainieren/laufen?

Und schon wieder eine Frage, auf die es keine einzige, bestimmte und richtige Antwort gibt.

Für Anfänger gilt, dass sie – das ist meine Erfahrung – zwei bis drei Mal in der Woche 20 bis 30 Minuten langsam laufen sollten, wobei ganz am Anfang sich Gehen und langsames Traben abwechseln, z. B. 3 Minuten Gehen, dann zwei Minuten Traben. Und das bis zu sechs Mal hintereinander. Die Gehpausen werden im Laufe der Zeit reduziert und die Laufintervalle erhöht, bis man bei 30 Minuten Traben angelangt ist. Die 30 Minuten kann man dann, wenn man will, mit gemischten Geh- und Laufeinheiten oder reinen Laufeinheiten ausdehnen.

Eine Faustregel, die ich in der Fachliteratur einmal gelesen habe, lautet, dass man den Umfang des Trainings pro Woche um maximal 10% erhöhen sollte. Das klingt vernünftig für mich.

Laufanfängern empfehle ich auch, nicht gleich drei Mal pro Woche zu laufen, sondern eine Laufeinheit auch einmal durch eine Einheit Nordic Walking oder einer Radausfahrt zu ersetzen. So bleibt man am ehesten von den früher erwähnten Wehwehchen verschont.

Für die Fortgeschrittenen, die ab und zu sich auch bei einem Wettkampf, etwa einem Volkslauf über 5 oder 10 Kilometer beteiligen wollen, empfehle ich drei bis maximal sechs Mal pro Woche zu laufen. Ideal ist eine etwas längere Einheit von bis zu 20 Kilometern, eine mittlere über 12 bis 16 Kilometer und vier kürzere Läufe von 6 bis 8 Kilometern. Von Tempoläufen oder Intervalltraining rate ich persönlich ab, vor allem im Seniorenbereich ab M60. Tempohärte, wenn man sie denn erwerben will, holt man sich am besten in Wettkämpfen, das ist viel motivierender.

Was man zur Vorbereitung auf den Wettkampf aber schon machen kann und sogar sollte, ist, dass man aus dem Dauerlauf heraus das Lauftempo bis hin zum geplanten Wettkampftempo steigert. Ideal für solche Steigerungsläufe empfinde ich die Streckenlänge von 800 Metern, wobei man nach jeweils 200 Metern das Tempo erhöht, so dass man zwischen 600 und 800 Metern das anvisierte Wettkampftempo übt.

Ansonsten gilt auch für die fortgeschrittenen Läufer/innen, dass sie zur Abwechslung auch einmal aufs Rad oder den Tretroller bzw. ins Schwimmbecken steigen sollten. So vermeidet man Verletzungen und man merkt, was man am Laufen hat, dass all die anderen Sportarten eigentlich nur Ersatzbefriedigungen sind ;)

Mit welchen Schuhen soll ich laufen?

Eine gute Nachricht vorab. Heutzutage gibt es viele Hersteller, die alle qualitativ hochwertige und gute Laufschuhe produzieren. Das war zu der Zeit, als ich mit dem Laufen begann, 1980/81 noch nicht so, denn damals stand die Laufszene noch am Beginn, Langstreckenläufer galten als Exoten, der Markt für Laufschuhe war klein und damit wenig lukrativ für die Sportartikelfirmen. In den USA hatte Frank Shorter mit seinem Olympiasieg beim Marathonlauf in München eine Lauflawine losgetreten, die vor allem die Firma Nike ausnutzte. Die ‚Lawine' erreichte Deutschland in den 1980er Jahren und Nike-Schuhe waren auch bei den deutschen Läufern sehr begehrt, obwohl die ersten Exemplare, die bei uns zur Verfügung standen, Verletzungen eher begünstigten als verhinderten. In Deutschland gab es damals gute Laufschuhe der Firmen Adidas und Brütting, während mir von Puma kein Laufschuh einfällt, den ich zu jener Zeit benützt hätte. In den letzten Jahren hat sich die Laufschuhtechnik immer mehr verfeinert und es gibt eine schier unübersichtliche Vielfalt und -zahl von Modellen. Auch sind Nike und Adidas nicht mehr allein, inzwischen haben sich auch andere namhafte Firmen der Laufschuhproduktion angenommen, wie etwa Asics, Mizuno, Hoka One One, Altra, Brooks, Saucony, Under Armour, New Balance, um nur eine kleine Auswahl zu nennen.

Für die Auswahl der richtigen Laufschuhe ist also nicht der Markenname entscheidend, sondern andere Kriterien:

1) Art des Fußes und Fußstellung[23]

Welche Art von Fuß man hat, kann man, wenn man es noch nicht weiß, dadurch feststellen, dass man sich mit nassen Füßen auf ein Blatt Papier stellt und den hinterlassenen Abdruck begutachtet. Folgende, grundsätzliche Fußarten gibt es:

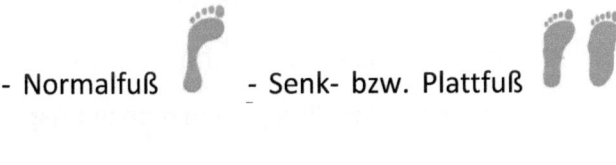

- Normalfuß   - Senk- bzw. Plattfuß

- Hohlfuß

Des Weiteren unterscheidet man noch drei Fußstellungen, normal, überpronierend und supinierend. Normal ist, dass der Fuß beim Aufsetzen der ganzen Fußsohle leicht nach innen knickt. Knickt er stark ein, spricht man von Überpronation, kippt er gar nach außen, was sehr selten vorkommt,

---

[23] S. a. H. Beck, <u>Das große Buch vom Marathon</u> (Stiebner-Verlag, 2015), S. 43 f.

nennt man es Supination.

<u>Schuhempfehlungen</u>: Wer einen Normalfuß hat, kann sogenannte Neutralschuhe tragen, Überpronierer benötigen meist eine Pronationsstütze und Supinierer folglich eine Supinationsstütze. Die Schuhhersteller legen die Bezeichnungen der jeweiligen Systeme offen, sodass jeder den richtigen Schuh für sich finden kann. Wichtig erscheint mir auch, dass die Schuhe eine gute Dämpfung aufweisen, vor allem, wenn man auf Asphalt läuft.

Ich empfehle Ihnen, in ein Laufschuhgeschäft zu gehen, das ein Laufband hat, auf dem Sie die Schuhe Ihrer Wahl testen können, denn ‚Probieren geht über Studieren'.

2) Untergrund:

Für den Straßenlauf braucht man andere Schuhe als für den Waldboden. Während bei den Straßenlaufschuhen die Sohlen auch etwas dicker ausfallen dürfen – ein neuer Trend, eingeleitet von der Firma Hoka One One, der sich gegen den Trend

des ‚Natural Running' stellt, bei dem minimalisti-
sche Schuhe ohne Dämpfung und Stützung propagiert werden – sollten beim Lauf auf weicheren
Böden die Sohlen nicht zu dick sein, sodass man
noch den Boden spürt und nicht so leicht um-
knickt.

3) Laufstil:

Dann gilt es noch zu beachten, welchen Laufstil
man hat. Setzt man den Fuß zuerst mit dem Ballen
auf, was für mich das Natürlichste und auch bei
allen schnellen Läufern der Fall ist. Oder ist man
ein sog. Mittelfußläufer, der mit der Fußmitte auf
dem Boden landet, was ich auch noch akzeptabel
finde. Oder setzt man gar mit der Ferse zuerst auf,
was meist, aber nicht immer ein Zeichen für unge-
übte Läufer oder Laufanfänger ist bzw. auch Läufer, die nicht mehr genügend Beinkraft haben, um
zu einer schönen ‚Flugphase' auszuholen.

Die ersten beiden Laufstile finde ich in Ordnung,
die Fersenläufer versuche ich bei den Lauftreffs
umzupolen, meist vergeblich, wenn sie sich den

Fersenstil einmal zu eigen gemacht haben. Wenn man mit der Ferse zuerst aufsetzt, wird der Aufprall weniger von der Muskulatur aufgefangen, sondern vielmehr vom Skelett und ich denke, dass man bei diesem Stil eher Gelenkprobleme bekommen kann. Die Bereiche des Schuhs, mit denen man zuerst den Boden beim Aufsetzen nach der ‚Flugphase' im Laufzyklus berührt, sollten besonders gut gedämpft sein. Auch darauf sollte man meiner Meinung nach bei der Auswahl des Laufschuhs achten.

Es gäbe noch eine ganze Reihe von anderen Kriterien, z. B. ob man Mann oder Frau ist oder ob man einen Schuh für das Training oder den Wettkampf sucht. Für die Damenschuhe gilt im Prinzip dasselbe wie für die Herrenschuhe, nur dass die Damenschuhe meist auf anderen Leisten gefertigt werden als die Herrenschuhe, habe ich mir mal sagen lassen. Das Thema Wettkampfschuhe ist sehr vielfältig in sich. Wer einen Wettkampf plant, wird sich im Internet oder im Sportfachgeschäft beraten lassen, welches Modell das für sie / ihn geeignetste ist. Für den Durchschnittsläufer / die Durchschnittsläuferin, für den / die ich diesen kleinen Ratgeber verfasst habe, kann ich sagen, dass er / sie für einen Wettkampf auf der Straße über 10K bis hin zum Marathon eigentlich keinen Wettkampfschuh braucht, sondern zum möglichst nicht allzu schweren Trainingsschuh greifen kann. Dann ist auch das Verletzungsrisiko geringer.

Und verletzungsfrei zu laufen macht erstens am meisten Spaß und ist zweitens langfristig am erfolgreichsten.

5 km Training

Warum die fünf Kilometer in einem Rennen in Angriff nehmen? Nun sie sind eine, sagen wir mal überschaubare Strecke, die auch Anfänger bewältigen können und sich so Selbstvertrauen und zusätzliche Motivation holen. Die Fortgeschrittenen unter den Läufern brauchen dafür nicht extra zu trainieren, sondern laufen die Strecke als Aufbauwettkampf für einen Halb- oder Ganzmarathon. Die 5000 Meter sind eine sehr gute ‚Tempospritze', die sich der Marathoner geben kann.

Übrigens gelten die Trainingstipps- bzw. Vorschläge natürlich auch für Walker. Diese müssen nur das Tempo entsprechend anpassen.

Hier ein Trainingsvorschlag für diejenigen, die öfters mal die 5 Kilometer rennen wollen:

Tag	Art des Trainings	km
Son	Ruhetag	0
Mon	8-10 km locker	8

Die	➤ 3 km langsam; 2 x 1500 m Steige- rungslauf: ➤ 500 m locker; ➤ 500 m schneller; ➤ 500 m im angestrebten Renntempo; ➤ 3 km Auslaufen	9
Mit	Wie montags	8
Don	Langer langsamer Lauf	16
Fre	Rest	0
Sam	Steigerungslauf: ➤ 3 km langsam; ➤ 1 km schneller; ➤ 1 km noch einmal et- was schneller ➤ 1 km im geplanten Renntempo ➤ 1 km locker; ➤ 500 m schneller;	10

	➢ 500m noch einmal et-was schneller ➢ 500 m im geplanten Renntempo ➢ 1,5 km Auslaufen	
Son	Ruhetag	0
Mon	8-10 km locker	8
Die	Wie tags zuvor	8
Mit	Langer, langsamer Lauf	16
Don	Ruhetag	0
Fre	Ruhetag	0
Sam	Aufwärmen (3 km) Rennen: 5K Auslaufen (2km)	10

Nach einem Rennen empfehle ich ein paar Tage Regeneration. Eine Faustregel besagt, dass der Körper so viele Tage Erholung braucht wie das Rennen in Meilen lang war, d. h. nach einem 5K-Rennen braucht der Körper 3 Tage Erholung, nach einem 10K-Rennen 6 Tage und nach einem Marathon sogar 26 Tage.

Wer diese Faustregel nicht befolgt, riskiert Übertraining, das sich unter anderem in einer tiefen Müdigkeit und Leistungsabfall ausdrückt.

Erholung heißt nicht, dass man nichts tut, sondern dass man die Trainingsanstrengung reduziert und auch auf andere Sportarten ausweicht, also Radfahren, Tretrollerfahren, Aquajogging u. dgl.

10 km Training

Die 10 Kilometer sind nicht zweimal so hart wie die 5 Kilometer, wie vielleicht einige meinen. Ok, die 10K sind zweimal so lang, aber dafür werden sie nicht so schnell gelaufen wie die 5K. Und denken Sie daran: Es ist nicht die Strecke, die einen kaputt macht, sondern das Tempo! Im Prinzip ist das 10K-Training dasselbe wie das 5K-Training mit ein paar kleinen Anpassungen.

Die langen Läufe sollten auf 20 bis 25 km ausgeweitet werden und das Steigerungslauftraining sollte so aussehen:

❖ 3 km langsam

- ❖ 3km steigern
- ❖ 3 km noch einmal steigern
- ❖ 3 km im geplanten Renntempo
- ❖ 1-2 km Auslaufen

½-Marathon

Wer einen Halbmarathon anstrebt, sollte den langen Lauf auf 25 bis 30 km ausdehnen, ansonsten kann er auch dem Basisplan des 10K-Trainings folgen. In der Woche des Rennens wird der lange Lauf durch folgende Einheit ersetzt:

- ❖ 3 km Einlaufen
- ❖ 3 km im angepeilten Renntempo
- ❖ 3 km Auslaufen

Allgemein kann man sagen, dass der lange langsame Lauf im Training umso wichtiger wird, je länger die anvisierte Rennstrecke ist.

Marathontraining

Einfach gut durchkommen

Ich bin in meiner Läuferkarriere etwa 20 Marathons gelaufen, den schnellsten in Kandel in der Pfalz, als ich zwei
Stunden und 26 Minuten plus ein paar Sekunden lief, den
langsamsten und letzten in rund 3 ½ Stunden zwölf Jahre
später in Stockholm, als ich kein Leistungstraining mehr
betrieb, sondern nach Lust und Laune trainierte. In der
Vorbereitung auf Kandel lief ich im Schnitt 130 Kilometer
pro Woche, mit mindestens zwei Tempoeinheiten pro
Woche. In der Vorbereitung auf Stockholm lief ich
30 bis 60 Kilometer in der Woche.

Das heißt, wer den Marathon anpeilt und einfach nur gut
durchkommen möchte, sollte drei bis vier Mal in der Woche laufen und sich im Laufe der Vorbereitung auf den
Marathon auf bis zu 80 Laufkilometer steigern. Mit weniger Kilometern kommt man zwar auch an, aber dann wird
es richtig hart und man tut, so meine ich, sich selbst und
seinem Körper keinen Gefallen. Als ich den Stockholm

Marathon 1998 mit einer Minimalvorbereitung von meist nur 40 Kilometern pro Woche und einem einzigen langen Lauf von 35 Kilometern in der Vorbereitungsphase bestritt, taten mir die Beine die letzten Kilometer fürchterlich weh und ich lief wie auf Stelzen. Wenn ich einen Marathon im 2:30-Stundenbereich mit einer Vorbereitung von über 100 Laufkilometern pro Woche im Schnitt gelaufen bin, konnte ich schon am Tag nach dem Marathon wieder laufen, als ob nichts gewesen wäre.

Das zeigt ganz eindeutig, der Marathon ist eine ‚Kilometerfresserei'. Wer mehr Trainingskilometer in den Beinen hat, tut sich einfach leichter. Allerdings gilt auch hier das „Gesetz des abnehmenden Grenzertragsnutzens"[24], soll heißen, dass nach oben ein Limit gesetzt ist und, dass bei zu vielen absolvierten Laufkilometern der ‚Schuss nach hinten' losgehen kann, oder, um es sachlicher zu formulieren, ab einer gewissen Grenze bringt der Trainingsaufwand keinen zusätzlichen Nutzen mehr.

---

[24] https://www.onpulson.de/lexikon/gesetz-vom-abnehmenden-ertragszuwachs/

Gerade der Marathonläufer als Vieltrainierer muss lernen, in seinen Körper hineinzuhören und, wenn er Warnzeichen, meist in Form von Wehwehchen oder echten Schmerzen, wahrnimmt, darauf zu reagieren.

Für diejenigen, die beim Marathon einfach nur durchkommen wollen, ist es wichtig einen regelmäßigen Trainingsrhythmus zu finden und lange Läufe bis hin zu 35 km, ins Training einzubauen. In der Vorbereitung zum Marathon sollten auch mindestens zwei Testwettkämpfe eingebaut sein, ein 10-Kilometerlauf drei Wochen vor dem Marathon und ein Halbmarathon vierzehn Tage vor dem geplanten Marathonlauf.

Aus den gelaufenen Zeiten kann man schon ziemlich genau auf die erzielbare Endzeit schließen. Dafür gibt es zwei Formeln, an die ich mich erinnere und die bei mir fast exakt stimmten. Man multipliziert die 10K-Zeit mit 4,66 oder man nimmt die Halbmarathonzeit mal 2 und fügt dann noch 10 Minuten dazu.

Beispiel Ausgangspunkt 10K-Zeit:

Einer der Läufer, für die ich Trainingspläne schrieb, lief im Vorbereitungswettkampf knapp über 39 Minuten. Wenn man diese Zeit mit 4,66 multipliziert ergibt sich eine voraussichtliche Marathonendzeit von rund 3:03 Stunden. Seine tatsächliche Endzeit betrug 3:02:45. Seine Zeit zeigt, dass die 10K-Formel erstaunlich realistisch ist.

Für die Formel, die auf der Halbmarathon-Zeit beruht, gilt das ebenso.

Auf Bestzeitenjagd

Wer auf die Jagd nach Bestzeiten geht, begibt sich auf einen gefährlichen, aber dennoch spannenden Pfad.

Gefährlich deshalb, weil meiner Meinung nach Leistungssport kein Gesundheitssport ist. Wer Bestzeiten erzielen will, muss an die Grenzen der körperlichen Leistungsfähigkeit gehen und das im Training vorbereiten. Der Pfad zwischen dem, was der Körper verkraftet und dem, was ihm zu viel wird, ist sehr schmal, mit anderen Worten, wer Leistungs- bzw. Hochleistungssport betreibt, riskiert seine Gesundheit.

Davon kann ich selber das sprichwörtliche Lied singen. Ich habe mir beispielsweise durch Wettkämpfe bzw. wettkampfartiges Laufen meine Knie geschädigt. Das linke bei einem Crosslauf-Wettkampf, als ich in ein Sumpfloch bei hoher Laufgeschwindigkeit trat und mir den Innenmeniskus riss. Das rechte bei einem scharfen Crosslauftraining am Berg, als ich mir auf einer glitschigen Wurzel das Knie verdrehte und ebenfalls den Innenmeniskus riss sowie mir einen Haarriss im Außenmeniskus zuzog. *Aus Schaden wird man klug*, wie es so schön heißt.

Andererseits sind Wettkämpfe sehr spannend und das Salz in der Suppe des Trainings. Einen Lauf oder eine

Beispiel eines Laufes an den ich mich sehr gerne erinnere (Auszug aus dem Straubinger Tagblatt)

Meisterschaft gegen harte Konkurrenz zu gewinnen ist ein fast unbeschreiblich gutes Gefühl, welches man eigentlich nur nachvollziehen kann, wenn man es einmal selbst durchlebt hat ...

Warum ich hier keine systematischen Trainingspläne für verschiedene Zielgruppen aufschreibe

Trainingspläne sind etwas sehr Subjektives, weil jeder von uns anders gebaut, anders motiviert ist. „Individuum" heißt auf Deutsch so viel wie unteilbar bzw. das Unteilbare, will sagen, nicht mal zwei Leute können sich einen Plan teilen, weil der Plan auf jeden einzelnen maßgeschneidert passen muss.

Anders ausgedrückt, jeder von uns ist sich selbst der beste Trainer, weil er / sie sich am besten kennen sollte.

Wenn man also die Trainingsprinzipien verstanden hat, kann man sich seine Trainingspläne selber machen.

Die für mich wichtigsten Prinzipien fasse ich hier noch einmal zusammen:

- Der langsame Dauerlauf ist das ‚täglich Brot' des Trainings
- ‚Variatio delectat' – Abwechslung macht Freude, tut Not; nicht immer nur laufen, ab und zu auch auf andere Ausdauersportarten ausweichen und auch bei den Laufstrecken und -untergründen Abwechslung suchen. Das beugt Verletzungen und Trainingsunlust vor.
- Ruhetage einlegen! An diesen findet die sog. Superkompensation statt, d. h. der Körper verarbeitet das Training und macht sich für steigende Anforderungen bereit. Wer dem Körper keine Ruhe gönnt, verhindert diesen Prozess und wird nicht besser durch das Training, sondern eher schlechter in der Leistungsfähigkeit.
- An die psychische Komponente beim Laufen denken, z. B. kann man sich durch das innere Vorsagen von Formeln, wie „Ich laufe leicht und locker!" laufstil- und leistungsmäßig verbessern.

- Gleichgesinnte im Verein oder beim Lauftreff suchen, gemeinsam ist der Spaßfaktor einfach höher.

Kurze Bemerkung zur Ernährung

Mit der Ernährung hielt und halte ich es mit dem schon erwähnten Dr. van Aaken, der gesagt haben soll, es ist gar nicht so wichtig, was man isst, sondern wie viel. Und er meinte damit vor allem, dass man nicht zu viel essen sollte, sodass man ein geringes Körpergewicht behält. Das schützt vor Zivilisationskrankheiten und auch vor Sportverletzungen

Was den Alkohol anbetrifft, kann ich sagen, dass mir am Abend ein, zwei Bierchen oder ein Glas Wein immer sehr gut geschmeckt hat bzw. immer noch schmeckt.

Zugegeben, rein vom Leistungsgesichtspunkt her wäre es besser ganz auf Alkohol zu verzichten, weil dann das Gewicht zurückgeht und man automatisch schneller wird. Geringeres Gewicht bedeutet höhere relative Sauerstoffaufnahmekapazität und damit höhere Leistungsfähigkeit. Ich habe aber das Laufen nie als reinen Leistungssport betrachtet, sondern als etwas, was mir einfach Spaß macht und was zu meinem Leben gehörte, genauso wie die maßvolle Konsumption von alkoholischen Getränken. Als Läufer hatte ich auch immer das Gefühl, mir diesen Luxus leisten zu dürfen.

Ein kleines Nachwort

Auch wenn ich als Läufer häufig verletzt war, weil ich unvernünftig, d. h. oft zu viel und zu hart trainiert habe, kann ich sagen, dass das Laufen mein Leben unwahrscheinlich bereichert hat. Ich habe durch den Laufsport viele Leute kennen gelernt und auch Freunde gewonnen. Der Laufsport hat mich körperlich und geistig fit gehalten, war für mich nicht nur körperliche sondern auch psychische Hygiene und diese Erfahrung wünsche ich Ihnen auch!

Anhang 1: Beispiel eines 12-Wochenplans für einen Marathon in unter 3 Stunden

Ein Läufer, Altersklasse M55, kam zu mir und bat mich, ihm einen Trainingsplan für den Marathon in unter 3 Stunden zu schreiben. Seine Körpergröße 1,72 m, sein Gewicht 68 kg, sein maximaler wöchentlicher Trainingsumfang 80 km, seine aktuellen Bestzeiten über 10K → 41:05 Min. und → 1:26:14 Std. über die Halbmarathondistanz.

Folgende Dinge sagte ich ihm vorab:

1. Sein Gewicht sei für einen Marathoner ein bisschen zu hoch. Ideal wären für ihn etwas unter 65 kg. Wie komme ich auf diese Zahl? Die Faustregel besagt: Die cm über 100 der Körpergröße werden als kg gerechnet und davon werden 10% abgezogen. Dr. van Aaken meinte sogar, dass man bei einem Marathonläufer 20% abziehen müsste, um sein ideales Wettkampfgewicht zu erhalten.

2. 80 Laufkilometer pro Woche sind nicht gerade viel, wenn man unter drei Stunden laufen möchte, besser wären 100 km/Woche.

3. Seine aktuellen Bestzeiten über 10K und den Halbmarathon lassen rein rechnerisch keine Zeit von unter drei Stunden zu (10K-Bestzeit x 4,66 = erreichbare Marathonendzeit; bzw. Halbmarathonbestzeit x 2 + 10 Min. = erreichbare Marathonendzeit)[25], teilte ich ihm mit, die Wahrscheinlichkeit, das Ziel zu erreichen, sei äußerst gering, denn seine aktuell 10K-Bestzeit liefe auf eine Endzeit von über 3:10 Std. hinaus und auch die Hochrechnung auf Grund der vorgelegten HM-Bestzeit ergebe eine Zeit von deutlich über 3 Std.

Er meinte, er wolle es trotzdem versuchen. Wenn es nicht klappe, gehe die Welt auch nicht unter. Das ist, so denke ich, eine gesunde Einstellung und so schrieb ich ihm einen 12-Wochen Plan. Der Marathon war Mitte Oktober, sodass die Marathonvorbereitung Mitte Juli, also inmitten der heißen Sommermonate begann. Dem trug ich bei der Planerstellung insofern Rechnung, als dass ich viel Radfahren bzw. eine Kombination aus Radfahren und Laufen

---

[25] Im vorliegenden Fall ergeben sowohl die 10K- als auch die 21,1K-Bestzeit eine mögliche Marathonendzeit von knapp unter drei Stunden, d. h. um die 2:59 Std.

in den Plan mit aufnahm, da die vielen Kilometer, die man für den Marathon abspulen muss, bei Hitze den Körper mächtig belasten. Der Körper gewöhnt sich zwar mit der Zeit an die hohen Temperaturen und passt sich auch an, aber das in einem Plan adäquat zu berücksichtigen, ist eine knifflige Sache. Radfahren in der Hitze schlaucht weit weniger und beugt, so meine Erfahrung, in Kombination mit dem Laufen, Verletzungen vor, ohne die Formentwicklung zu beeinträchtigen. Außerdem hat das Radfahren nachgewiesenermaßen eine regenerative Funktion[26]. Der Trainingsumfang wird in TE (Trainingseinheiten) berechnet, d. h. 1 km Laufen = 1 TE und 3 km Radfahren = 1 TE. Drei Kilometer Radfahren entsprechen also einem Kilometer Laufen.

---

[26] Interessanterweise wollte auch der neue Trainer des FC Bayern München, Niko Kovac, seinen ‚Stars' nach dem Training und nach Spielen 20 bis 30 Minuten Radfahren verordnen, stieß aber damit auf wenig Gegenliebe, weil die Fußballstars („Sollen wir uns auf die Tour de France vorbereiten?") offensichtlich zu faul waren, nach dem Training bzw. Wettkampf aktiv zu regenerieren.

Hier der Plan im Einzelnen:

Wochen 1-4:

- Mo: Ruhetag (R)
- Di: 90 Min. Radfahren (RF) / ca. 40 km + 30 Min. Dauerlauf (DL) / ca. 6 km
- Mi: Steigerungslauf (SL): 4 km im 5:45er Schnitt, 4 km im 5:15er Schnitt, 4 km im 4:45er Schnitt, 4 km im 4:15er Schnitt (= anvisiertes Marathonrenntempo[27]), 2 km Austraben.
- Do: 45 Min. RF + 45 Min. l(eichter) DL
- Fr: R
- Sa: 20 km DL
- So: 2 Std. RF + 1 Std. DL

Am Ende der 4. Woche ein Testwettkampf über 10 K oder einen Testlauf mit Vereinskameraden. Aus Radfahren und Laufen ergibt sich ein Wochenpensum von 91 TE, was

---

[27] Tempotabelle Marathon: http://www.laufberater.com/nn/marathon/tempotab.htm bzw. S. 74 im Anhang

mehr als den veranschlagten achtzig Laufkilometern entspricht, aber da das Radfahren eine geringere orthopädische und auch organische Belastung darstellt, gleicht sich das in etwa aus.

Wochen 5-8

- Mo: R
- Di: 20 km DL
- Mi: wöchentlich abwechselnd SL wie im Vormonat oder Einlaufen, 3000 m bzw. 5000 m Testlauf, Auslaufen
- Do: 1 Std. RF + 30 Min. DL
- Fr: 45 Min. lDL
- Sa: lokaler Wettkampf (Bergläufe, Crossläufe, Volksfestrennen)
- So: 1 Std. Rad + 2 Std. Supersauerstofflauf (24 km)

Wochenpensum → ca. 95 TE

Wochen 9-10

- Mo: R

- Di: 1 Std. RF + 45 Min. DL

- Mi: SL

- Do: 45 Min. Rad + 1 Std. DL

- Fr: R

- Sa: Halbmarathon → erreichte Zeit 1:27[28], bei sehr warmen Wetterbedingungen

- So: 1 Std. RF + ½ Std. IDL

- Mo: R

- Di: 1 Std. IDL

- Mi: 1Std. Rad + 1 Std IDL

- Do: wie Di

- Fr: R

- Sa: wie Mi

- So: 35 km Supersauerstofflauf (3 ½ Std.)

---

[28] Mit dieser Zeit verfehlte er seine aktuelle Bestzeit knapp, aber wg. der warmen Witterung ist es nicht leicht, Rückschlüsse auf die Wirksamkeit des Trainings zu ziehen.

Wochen 11-12

- Mo: R

- Di: 1 Std. RF

- Mi: 1 Std. IDL

- Do: 1 Std. IDL

- Fr: R

- Sa: 30 Min. Traben + 5 Steigerungsläufe (StL) über ca. 150 m

- So: 10K-Wettkampf → 39:15[29] Min. bei böigem Wind und Wendepunktestrecke

- Mo: R

- Di: 10 km sehr lockerer Lauf

- Mi: Einlaufen, 5 km in 12:15 Min, Auslaufen

- Do: 30 Min IDL + 5 StL über ca. 150 m

- Fr: R

- Sa: 20 Min Traben + 5 Steigerungsläufe über ca. 150 m

- So: Marathonlauf → unter 3:00:00?

---

[29] Aktuelle Bestzeit um fast zwei Minuten verbessert. Der Athlet befindet sich mit hoher Wahrscheinlichkeit auf dem richtigen Trainingspfad.

Beim Marathonlauf hatte mein ‚Schützling' dann aber mit Temperaturen von weit über 20° Grad zu kämpfen, sodass die angestrebte Zeit schon bald Makulatur war, aber bis zur Halbmarathonmarke war er voll auf Kurs. Als er diese Marke passierte, stand die Sonne am höchsten und Schatten gab es auf der Strecke kaum.

Folgende Zwischenzeiten wurden für ihn notiert:	
• 5 km	0:20:03
• 10 km	0:41:44
• 15 km	1:03:02
• 20 km	1:24:16
• HM	1:28:59
• 25 km	1:46:19
• 30 km	2:08:44
• 35 km	2:33:36
• 40 km	3:03:34
• Ziel	3:15:20

Man sieht, der große Einbruch kam bei km 35, etwas, das beim Marathon häufig geschieht, dass der „Mann mit dem Hammer" kommt, wenn die Glykogenvorräte des Körpers aufgebraucht sind und er auf den Fettstoffwechsel umstellt. Das passiert oft, wenn man auf den ersten Kilometern zu schnell unterwegs ist, was auch auf meinen ‚Schützling' zutrifft. In der Euphorie ging er die ersten 5K um über eine Minute zu schnell an und das rächte sich am Ende. Des Weiteren traf er eine falsche Schuhwahl: Statt der leichten Trainingsschuhe, die er von den langen Läufen her gewohnt war, griff er zu den Wettkampfschuhen, die er bei 5K- und 10K-Straßenläufen benutzt. Die bescherten ihm auf dem heißen Asphalt heiße Füße, die ihn wie Feuer brannten. Wahrscheinlich, aber das ist nur eine Vermutung, nahm er bei der Hitze auch zu wenig Flüssigkeit zu sich – nur Wasser – aus Angst davor, dass der Magen revoltieren könnte. Ich persönlich habe bei Marathonläufen Wasser nur zusätzlich zu den angebotenen Elektrolyten genommen, denn Wasser allein erzeugt bei mir das Gefühl eines leeren Magens, was leicht einen sog. Hungerast provozieren kann.

Dennoch muss festgehalten werden, dass er wahrscheinlich auch bei optimalen Bedingungen das drei Stunden-
Ziel wohl – wenn auch knapp – verfehlt hätte, da die Vo-
raussetzungen (10K- und HM-Bestzeit) nicht auf eine Zeit
unter drei Stunden hingewiesen hatten.

Anhang 2: Tempotabelle Marathon

1 Km	5 Km	10 Km	15 Km	20 Km	21,0975	25 Km	30 Km	35 Km	40 Km	Marathon
3:00	15:00	30:00	45:00	1:00:00	1:03:18	1:15:00	1:30:00	1:45:00	2:00:00	2:06:35
3:05	15:25	30:50	46:15	1:01:40	1:05:03	1:17:05	1:32:30	1:47:55	2:03:20	2:10:06
3:10	15:50	31:40	47:30	1:03:20	1:06:49	1:19:10	1:35:00	1:50:50	2:06:40	2:13:37
3:15	16:15	32:30	48:45	1:05:00	1:08:34	1:21:15	1:37:30	1:53:45	2:10:00	2:17:08
3:20	16:40	33:20	50:00	1:06:40	1:10:20	1:23:20	1:40:00	1:56:40	2:13:20	2:20:39
3:25	17:05	34:10	51:15	1:08:20	1:12:05	1:25:25	1:42:30	1:59:35	2:16:40	2:24:10
3:30	17:30	35:00	52:30	1:10:00	1:13:50	1:27:30	1:45:00	2:02:30	2:20:00	2:27:41
3:35	17:55	35:50	53:45	1:11:40	1:15:36	1:29:35	1:47:30	2:05:25	2:23:20	2:31:12
3:40	18:20	36:40	55:00	1:13:20	1:17:21	1:31:40	1:50:00	2:08:20	2:26:40	2:34:43
3:45	18:45	37:30	56:15	1:15:00	1:19:07	1:33:45	1:52:30	2:11:15	2:30:00	2:38:14
3:50	19:10	38:20	57:30	1:16:40	1:20:52	1:35:50	1:55:00	2:14:10	2:33:20	2:41:45
3:55	19:35	39:10	58:45	1:18:20	1:22:38	1:37:55	1:57:30	2:17:05	2:36:40	2:45:16
4:00	20:00	40:00	1:00:00	1:20:00	1:24:23	1:40:00	2:00:00	2:20:00	2:40:00	2:48:47
4:05	20:25	40:50	1:01:15	1:21:40	1:26:09	1:42:05	2:02:30	2:22:55	2:43:20	2:52:18
4:10	20:50	41:40	1:02:30	1:23:20	1:27:54	1:44:10	2:05:00	2:25:50	2:46:40	2:55:49
4:15	21:15	42:30	1:03:45	1:25:00	1:29:40	1:46:15	2:07:30	2:28:45	2:50:00	2:59:20
4:20	21:40	43:20	1:05:00	1:26:40	1:31:25	1:48:20	2:10:00	2:31:40	2:53:20	3:02:51
4:25	22:05	44:10	1:06:15	1:28:20	1:33:11	1:50:25	2:12:30	2:34:35	2:56:40	3:06:22
4:30	22:30	45:00	1:07:30	1:30:00	1:34:56	1:52:30	2:15:00	2:37:30	3:00:00	3:09:53
4:35	22:55	45:50	1:08:45	1:31:40	1:36:42	1:54:35	2:17:30	2:40:25	3:03:20	3:13:24
4:40	23:20	46:40	1:10:00	1:33:20	1:38:27	1:56:40	2:20:00	2:43:20	3:06:40	3:16:55
4:45	23:45	47:30	1:11:15	1:35:00	1:40:13	1:58:45	2:22:30	2:46:15	3:10:00	3:20:26
4:50	24:10	48:20	1:12:30	1:36:40	1:41:58	2:00:50	2:25:00	2:49:10	3:13:20	3:23:57
4:55	24:35	49:10	1:13:45	1:38:20	1:43:44	2:02:55	2:27:30	2:52:05	3:16:40	3:27:28
5:00	25:00	50:00	1:15:00	1:40:00	1:45:29	2:05:00	2:30:00	2:55:00	3:20:00	3:30:59
5:05	25:25	50:50	1:16:15	1:41:40	1:47:15	2:07:05	2:32:30	2:57:55	3:23:20	3:34:29
5:10	25:50	51:40	1:17:30	1:43:20	1:49:00	2:09:10	2:35:00	3:00:50	3:26:40	3:38:00
5:15	26:15	52:30	1:18:45	1:45:00	1:50:46	2:11:15	2:37:30	3:03:45	3:30:00	3:41:31
5:20	26:40	53:20	1:20:00	1:46:40	1:52:31	2:13:20	2:40:00	3:06:40	3:33:20	3:45:02
5:25	27:05	54:10	1:21:15	1:48:20	1:54:17	2:15:25	2:42:30	3:09:35	3:36:40	3:48:33
5:30	27:30	55:00	1:22:30	1:50:00	1:56:02	2:17:30	2:45:00	3:12:30	3:40:00	3:52:04
5:35	27:55	55:50	1:23:45	1:51:40	1:57:48	2:19:35	2:47:30	3:15:25	3:43:20	3:55:35
5:40	28:20	56:40	1:25:00	1:53:20	1:59:33	2:21:40	2:50:00	3:18:20	3:46:40	3:59:06
5:45	28:45	57:30	1:26:15	1:55:00	2:01:19	2:23:45	2:52:30	3:21:15	3:50:00	4:02:37
5:50	29:10	58:20	1:27:30	1:56:40	2:03:04	2:25:50	2:55:00	3:24:10	3:53:20	4:06:08
5:55	29:35	59:10	1:28:45	1:58:20	2:04:50	2:27:55	2:57:30	3:27:05	3:56:40	4:09:39
6:00	30:00	1:00:00	1:30:00	2:00:00	2:06:35	2:30:00	3:00:00	3:30:00	4:00:00	4:13:10
6:05	30:25	1:00:50	1:31:15	2:01:40	2:08:21	2:32:05	3:02:30	3:32:55	4:03:20	4:16:41
6:10	30:50	1:01:40	1:32:30	2:03:20	2:10:06	2:34:10	3:05:00	3:35:50	4:06:40	4:20:12
6:15	31:15	1:02:30	1:33:45	2:05:00	2:11:52	2:36:15	3:07:30	3:38:45	4:10:00	4:23:43
6:20	31:40	1:03:20	1:35:00	2:06:40	2:13:37	2:38:20	3:10:00	3:41:40	4:13:20	4:27:14
6:25	32:05	1:04:10	1:36:15	2:08:20	2:15:23	2:40:25	3:12:30	3:44:35	4:16:40	4:30:45
6:30	32:30	1:05:00	1:37:30	2:10:00	2:17:08	2:42:30	3:15:00	3:47:30	4:20:00	4:34:16
6:35	32:55	1:05:50	1:38:45	2:11:40	2:18:54	2:44:35	3:17:30	3:50:25	4:23:20	4:37:47
6:40	33:20	1:06:40	1:40:00	2:13:20	2:20:39	2:46:40	3:20:00	3:53:20	4:26:40	4:41:18
6:45	33:45	1:07:30	1:41:15	2:15:00	2:22:24	2:48:45	3:22:30	3:56:15	4:30:00	4:44:49
6:50	34:10	1:08:20	1:42:30	2:16:40	2:24:10	2:50:50	3:25:00	3:59:10	4:33:20	4:48:20
6:55	34:35	1:09:10	1:43:45	2:18:20	2:25:55	2:52:55	3:27:30	4:02:05	4:36:40	4:51:51
7:00	35:00	1:10:00	1:45:00	2:20:00	2:27:41	2:55:00	3:30:00	4:05:00	4:40:00	4:55:22
7:05	35:25	1:10:50	1:46:15	2:21:40	2:29:26	2:57:05	3:32:30	4:07:55	4:43:20	4:58:53

Ein Wort des Dankes ...

.... an meine Frau Traudi, die mir, obwohl sie selbst nur wenig gelaufen ist - sie bevorzugt das sanftere Nordic Walking -, immer an meiner Seite war, sei es als Fahrradbegleitung auf meinen langen Läufen zur Marathonvorbereitung oder jetzt beim Korrekturlesen des vorliegenden Büchleins. DANKE, liebe Traudi!

Der Autor und seine Frau Traudi an seiner Seite – nach einem Wettkampf

Herzlichen Dank auch an meinen Sohn Robert, der das Büchlein ebenfalls korrekturgelesen und mir wertvolles Feedback gegeben hat.

Der Autor mit dem Lektor vor einem Trainingslauf